Séquence 1

La jungle amazonienne

La banquise du pôle Nord

La grande ville de New York

Le désert du Sahara

Les montagnes de l'Himalaya

Sous l'océan Atlantique

Séquence 2

Séquence 4

Séquence 3

Séquence 5

Séquence 6

Séquence 7

S'empoisonner

Se couper

S'ébouillanter

Se brûler

Se faire piquer

Se faire mordre

Glisser et tomber

Se faire charger

S'électrocuter

Séquence 8

moderne | ancien

moderne | ancien

moderne | ancien

moderne | ancien

ancien

moderne

CP → CE1

Pédagogie Max et Lili

Mon cahier de vacances
Max et Lili

Dominique de Saint Mars • Serge Bloch

À partir de la série « Max et Lili »
sur une formule d'édition développée par Calligram
Avec des textes de Dominique de Saint Mars et des illustrations de Serge Bloch
Pascale de Bourgoing, éditrice, ancien professeur des écoles
Julia Vernier, agrégée de Lettres modernes, ancien professeur
Avec la participation de Marion Gallavardin
et Marguerite Peschard, professeurs des écoles
Pauline Gallimard, directrice artistique

CALLIGRAM
ÉDUCATION

Bienvenue dans ce cahier de vacances Max et Lili !

Max et Lili proposent à vos enfants de les accompagner en vacances.
Ce cahier consolide les apprentissages du CP pour une entrée sereine en CE1.

CE CAHIER CONTIENT 10 SÉQUENCES STRUCTURÉES AUTOUR D'UN THÈME. CHAQUE SÉQUENCE EST COMPOSÉE DE 4 PAGES :

1

LECTURE
- Une histoire illustrée ou une petite BD qui raconte les vacances de Max et Lili
- Des exercices ou des jeux de compréhension

2 Max et Lili font du camping
Lecture

Après cinq heures de route, la famille de Max et Lili arrive au camping.
Léa, leur cousine, est avec eux. Ils ont tous envie d'aller visiter le camping.
Mais il faut d'abord monter les tentes et après une journée de voyage,
tout le monde est un peu fatigué et énervé…

Entoure VRAI ou FAUX.

1. La famille vient d'arriver au camping du Lac bleu.	VRAI	FAUX
2. La cousine de Max et Lili s'appelle Dora.	VRAI	FAUX
3. La famille commence par visiter le camping.	VRAI	FAUX
4. La mère de Max et Lili s'appelle Barbara.	VRAI	FAUX
5. Max s'énerve contre Lili.	VRAI	FAUX
6. Gégé dit : « Tente mal montée, vacances gâchées ! »	VRAI	FAUX

Fini !

8

2

FRANÇAIS
- Des exercices et des jeux d'orthographe, grammaire, conjugaison, vocabulaire

2 Max et Lili font du camping
Français

1 Écris les lettres qui ont été effacées. Découvre le message du directeur du camping.

2 Dans la tente, range les affaires par ordre alphabétique en écrivant les numéros de 1 à 6.

sac lampe oreiller pyjama gourde ballon

3 Relie chaque question à la bonne réponse.

Où Max et Lili passent-ils leurs vacances ?
Quand sont-ils arrivés ?
Qui les aide à monter leur tente ?
Qu'est-ce que Max et Lili veulent aller visiter ?

Le camping.
Gégé.
Au camping du Lac bleu.
Dans la soirée.

4 Relie les mots qui veulent dire la même chose.

duvet imperméable étanche promenade poteau roulotte alpiniste caravane piquet randonnée montagnard sac de couchage

Fini !

9

3

MATHS
- Des exercices et des jeux de calcul, nombres, géométrie, mesures…

2 Max et Lili font du camping
Maths

1 Compte les éléments du camping. Puis écris les bons signes entre les nombres : <, =, >.

2 Numérote ces troncs d'arbres de 1 à 5, du plus petit au plus grand.

Fini !

10

4

DÉCOUVERTE DU MONDE, ANGLAIS OU EMC
- Des jeux pour découvrir le monde (histoire, géographie, sciences), l'anglais ou le vivre-ensemble

2 Max et Lili font du camping
Jeu Découverte

QUEL MATÉRIAU ?

Colle les bons stickers : marron pour les objets en bois, rouge pour les objets en plastique, bleu pour les objets en verre, noir pour les objets en métal et vert pour les objets en papier. Entoure l'objet qui reste. Qu'est-ce que c'est ? En quel matériau est-il ?

SÉQUENCE 2 TU AS TERMINÉ

11

Imprimé en Italie
ISBN : 978-2-88962-002-9

SOMMAIRE

LES MÉMOS DE PLUCHE ET POMPON RAPPELLENT LES RÈGLES

DES STICKERS MAX ET LILI !

○ Des stickers à utiliser pour les exercices

○ Un petit sticker à coller sur le rond « Fini ! » dès qu'une page est terminée

○ Un maxi-sticker récompense à coller quand la séquence est terminée

UN LIVRET DÉTACHABLE AVEC LES CORRIGÉS AU CENTRE DU CAHIER

1 Max et Lili partent en vacances

Lecture

Ça y est, c'est le jour du départ !
Lili a bouclé sa valise verte et elle a mis tout ce qu'elle veut emporter dans son sac rouge : son livre de secrets, son ballon de foot, sa lampe de poche, son jeu de cartes et son petit cœur porte-bonheur.
Max a pris son masque, son tuba, ses palmes, ses jumelles et un jeu d'échecs de voyage. Il a caché son jeu vidéo au fond de son sac bleu, car il sait que sa mère n'a pas envie qu'il l'emporte en vacances. Hop, ni vu, ni connu !
Le chien Pluche et le chat Pompon sont déjà installés dans la voiture, ils n'ont pas du tout envie qu'on les oublie !

1 Coche la bonne réponse.

Qu'est-ce que Lili a mis dans son sac ?
- ○ un doudou ○ un cœur ○ un cerf-volant

Qu'est-ce que Max n'a pas pris ?
- ○ ses robots ○ son masque ○ ses palmes

Qu'est-ce que Max a caché au fond de son sac ?
- ○ des bonbons ○ son jeu vidéo ○ son argent

Comment s'appelle le chat de Max et Lili ?
- ○ Pluche ○ Pompon ○ Youpi

2 Colorie les bagages de Max et Lili avec les bonnes couleurs.

Lili

Lili

Max

Fini !

1 Max et Lili partent en vacances

Français

1 Complète les mots en écrivant les voyelles manquantes.

c_ffr_

voit_re

v_tr_

c_p_t

p_rt_

2 Sépare les mots, puis recopie la phrase avec les espaces.

Je|rêvedepartirdanslajungle.

3 Remets la phrase dans l'ordre, en écrivant les numéros de 1 à 5.

○ de

○ Max et Lili

○ La famille

○ en vacances.

○ part

4 Entoure les éléments qui se rapportent à la mer.

une épuisette

une bouée

un bonnet

un parasol

une mouette

un sapin

un cartable

un voilier

Fini !

1 Max et Lili partent en vacances

1 Calcule combien d'objets Max et Lili ont emportés.

J'emporte 3 maillots, 5 livres, 1 nounours, 3 shorts et 2 pulls.

Je calcule :

. + . + . + . + . = . .

J'emporte 24 billes, 11 monstres, 2 casquettes et 1 jeu vidéo.

. .
\+ . .
\+ .
\+ .
= . .

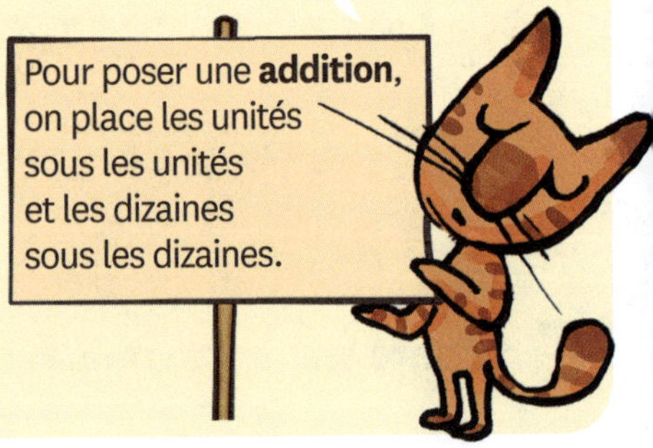

2 Colorie de la même couleur le numéro et la plaque de voiture correspondante. Écris les numéros manquants.

- trente-quatre
- soixante-treize
- 28
- soixante-deux
- vingt-huit
- cinquante-neuf
- 73
- 44
- quarante-quatre
- 62
- quatre-vingt-seize

3 Pendant le trajet, Max et Lili ont joué à « Combien as-tu vu... ? ». Trace le bon nombre de traits pour noter ce qu'ils ont vu. Attention, ils ont déjà commencé !

LILI	MAX
17 (voiture) : IIIII I	15 (voiture) : IIIII
7 (vélo) : III	9 (vélo) : II
3 (ambulance) :	3 (ambulance) : I

Fini !

PAYSAGES DU MONDE

Voici les endroits où Max et Lili rêveraient de passer leurs vacances.
Cherche le nom des lieux dans les stickers et colle-les devant les images.

SÉQUENCE 1

TU AS TERMINÉ !

2 Max et Lili font du camping

Lecture

Après cinq heures de route, la famille de Max et Lili arrive au camping. Léa, leur cousine, est avec eux. Ils ont tous envie d'aller visiter le camping. Mais il faut d'abord monter les tentes et après une journée de voyage, tout le monde est un peu fatigué et énervé…

Entoure VRAI ou FAUX.

1. La famille vient d'arriver au camping du Lac bleu.	VRAI	FAUX
2. La cousine de Max et Lili s'appelle Dora.	VRAI	FAUX
3. La famille commence par visiter le camping.	VRAI	FAUX
4. La mère de Max et Lili s'appelle Barbara.	VRAI	FAUX
5. Max s'énerve contre Lili.	VRAI	FAUX
6. Gégé dit : « Tente mal montée, vacances gâchées ! »	VRAI	FAUX

Fini !

2 Max et Lili font du camping

1 Écris les lettres qui ont été effacées. Découvre le message du directeur du camping.

□ b c d □
f g h □ j
k l □ n □
p q r □ □
□ v w x y
z

a □ □ □ □ – □ □ □ !

2 Dans la tente, range les affaires par ordre alphabétique en écrivant les numéros de 1 à 6.

sac ○

lampe ○

oreiller ○

pyjama ○

gourde ○

ballon ○

3 Relie chaque question à la bonne réponse.

Où Max et Lili passent-ils leurs vacances ? •	• Le camping.
Quand sont-ils arrivés ? •	• Gégé.
Qui les aide à monter leur tente ? •	• Au camping du Lac bleu.
Qu'est-ce que Max et Lili veulent aller visiter ? •	• Dans la soirée.

4 Relie les mots qui veulent dire la même chose.

duvet — imperméable — étanche — promenade — poteau — roulotte — alpiniste — caravane — piquet — randonnée — montagnard — sac de couchage

Fini !

2 Max et Lili font du camping

1 Compte les éléments du camping. Puis écris les bons signes entre les nombres : <, =, >.

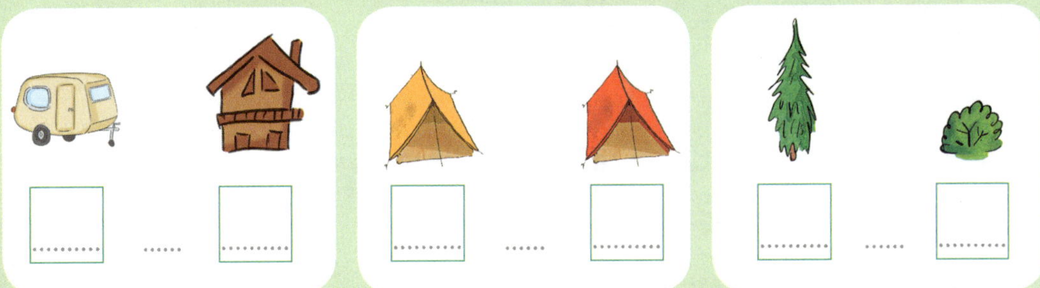

2 Numérote ces troncs d'arbres de 1 à 5, du plus petit au plus grand.

Fini !

QUEL MATÉRIAU ?

**Colle les bons stickers : marron pour les objets en bois, rouge pour les objets en plastique, bleu pour les objets en verre, noir pour les objets en métal et vert pour les objets en papier.
Entoure l'objet qui reste. Qu'est-ce que c'est ? En quel matériau est-il ?**

Un **matériau** peut être naturel comme le bois ou la pierre. Il a pu être fabriqué par l'homme comme le plastique ou le papier.

SÉQUENCE 2 TU AS TERMINÉ !

3 Lili et Clara, princesses des bois

Lecture

Lili a invité Clara pour une semaine de vacances à la campagne. Lili est un peu jalouse, car ses parents n'arrêtent pas de complimenter Clara : « Clara est si débrouillarde », « Clara est si polie », « Clara est si gentille » ! Mais Lili a décidé de ne pas se disputer avec elle ! C'est tout de même une super bonne copine !

Remets l'histoire dans le bon ordre en numérotant les phrases de 1 à 5.

- ◯ Clara et Lili se réjouissent d'être les princesses des bois.
- ◯ Les deux filles parlent de leur amie Valentine.
- ◯ Clara et Lili se tapent dans la main.
- ◯ Lili plante un gland.
- ◯ Lili et Clara partent se promener dans la forêt.

Fini !

3 Lili et Clara, princesses des bois

Français

1 Relie chaque mot au bon dessin.

○ ○ ○ ○ ○

○ gland ○ lapin ○ arbre ○ cabane ○ pelle

2 Mets dans l'ordre ce que Lili et Clara disent. Écris-le dans la bulle.

notre | écrit | un | amitié | pacte | On | d' | papier ! | sur

....

....

....

....

3 Complète le pacte d'amitié de Lili et Clara.

« Ensemble pendant cent ans ! »

En ....

p ....

c ....

a ..... !

Lili ♥ *Clara*

Fini !

3 Lili et Clara, princesses des bois

Maths

1 Écris les nombres qui précèdent et les nombres qui suivent ceux écrits dans les arbres.

2 Pour colorier les cœurs de Lili et Clara, suis le code.

- 4
- 10
- 20
- 40

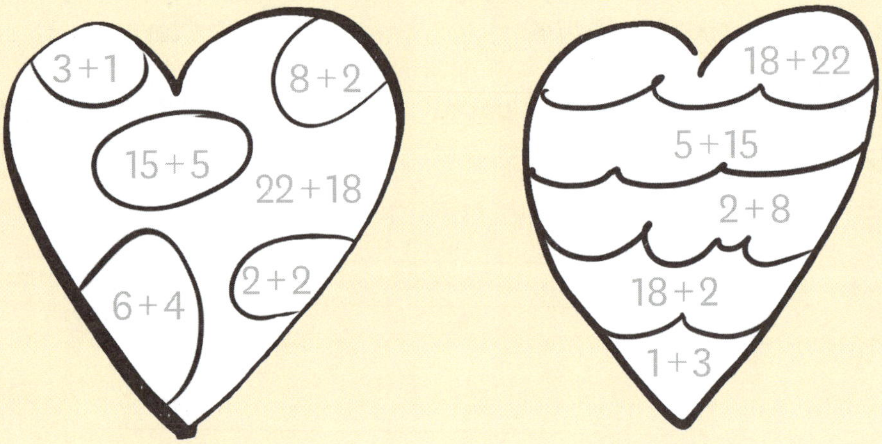

3 Écris le double dans le deuxième panier.

4 Chaque canard mange la moitié des glands. Combien chacun en aura-t-il ?

.... glands

Fini !

L'AMITIÉ

Il y a de bonnes relations d'amitié… et parfois de mauvaises ! Observe ces dessins et colle le sticker ♥ ou le sticker ☠.

1

2

3

4

5

6

7

8

9

SÉQUENCE 3 TU AS TERMINÉ !

4 Max va à la plage

Lecture

Max est parti très tôt à la plage
pour retrouver ses amis Frédo,
Karine et Adi, le roi de la planche à voile.
Il emporte avec lui plein de matériel
pour jouer avec eux.
Frédo est un peu plus âgé que Max
et il est très fort au foot.
Malheureusement, Frédo ne choisit pas
souvent Max dans son équipe.
Max est un peu vexé,
mais il ne perd pas courage.
Il se dit qu'avec le nouveau ballon
qu'il apporte aujourd'hui,
Frédo aura envie de jouer avec lui.
Max pédale à toute vitesse.
Il sent que cette journée va être géniale !

1 Lis bien le texte. Coche les bonnes réponses.

Max va retrouver :

- ses amis
- ses cousins
- sa sœur

Max va jouer :

- au foot
- aux billes
- au tennis

Max sent que cette journée va être :

- interminable
- géniale
- fatigante

2 Regarde bien l'image. Coche ce que Max apporte à la plage.

- une épuisette
- un masque de plongée
- un râteau
- un seau
- une canne à pêche
- un parasol
- des raquettes
- une bouée
- des palmes

Fini !

1 Barre l'intrus dans chaque liste.

2 Souligne le nom dans chaque phrase. Écris le numéro de la phrase qui correspond au dessin.

1. Il porte une casquette.
2. L'épuisette est rouge.
3. Les garçons discutent.

3 Souligne le verbe dans chaque phrase. Écris le numéro de la phrase qui correspond au dessin.

1. Frédo prend Max dans son équipe.
2. Pluche enterre un os dans le sable.
3. Ils jouent au foot sur la plage.

4 Recopie dans chaque phrase le mot de la liste qui a le même sens que celui en rouge.

équipement
ravi
bicyclette
choisit

Max fait du **vélo**/de la .... sur le chemin.

Il a tout un **matériel**/ .... avec lui.

Il est **content**/ .... de retrouver ses copains !

Frédo **prend**/ .... Max dans son équipe !

Fini !

4 Max va à la plage

1 Calcule combien va coûter le goûter.
Entoure ce que la mère de Max va donner au vendeur.

. + . + . + . + . = . .

2 Choisis le bon cadran dans les stickers et colle-le.

Max doit rentrer à 11 heures.

Voici l'heure à laquelle Max est rentré.

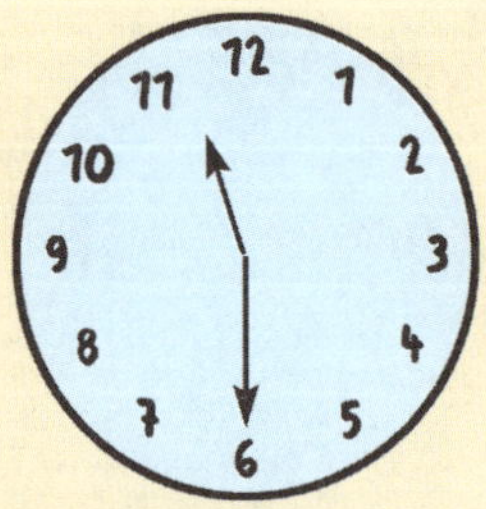

Est-il en retard? ○ oui ○ non

Fini !

WHAT IS YOUR NAME ?

**Complète les bulles des personnages.
Aide-toi du mémo de Pluche !**

5 Lili organise un pique-nique

Lecture

Qui est qui ? Lis les descriptions. Écris le bon numéro à côté de chaque personnage.

1. Jérôme est un fan de grenouilles.
2. Clara porte un pantalon court.
3. Léa se régale.
4. Tom porte un pull à capuche.
5. Koffi regarde les vaches.
6. Émilie adore les rouges-gorges.
7. Lucien est en retard.
8. Vanessa n'aime que les robes.
9. Fathia est assise en tailleur.
10. Bérénice aime les pois roses.
11. Alex arrive avec Max.
12. Marlène observe un papillon.

Fini !

5 Lili organise un pique-nique

Français

1 **Colorie les mots où tu entends le son « è ». Entoure les lettres qui font le son « è ».**

une forêt

un copain

une écharpe

Marlène

une reine

Bérénice

une crêpe

une baie

une araignée

treize

Le son « è » peut s'écrire : ____ ____ ____ ____

2 **Observe les dessins. Écris « un », « une » ou « des ».**
Entoure les mots qui sont au pluriel.

.... pommes

.... pain

.... vache

.... panier

.... poissons

.... abeille

.... fleurs

.... poire

.... moutons

Fini !

5 Lili organise un pique-nique

1 **Aide Lili et Clara à calculer combien de desserts les garçons ont préparés.**

2 **Complète les cœurs à bisous des trois filles.**
Colorie celui qui donne le plus de bisous.

Lili : 4 + 7 + 6 + 3
. . + . .
=
. .

Marlène : 15 + 2 + 5 + 7
. . + . .
=
. .

Clara : 10 + 3 + 20 + 3
. . + . .
=
. .

3 **Les copains de Lili lui ont offert un bracelet. Au magasin, il y avait un grand choix de couleurs. Colle les stickers bracelets aux bons endroits.**

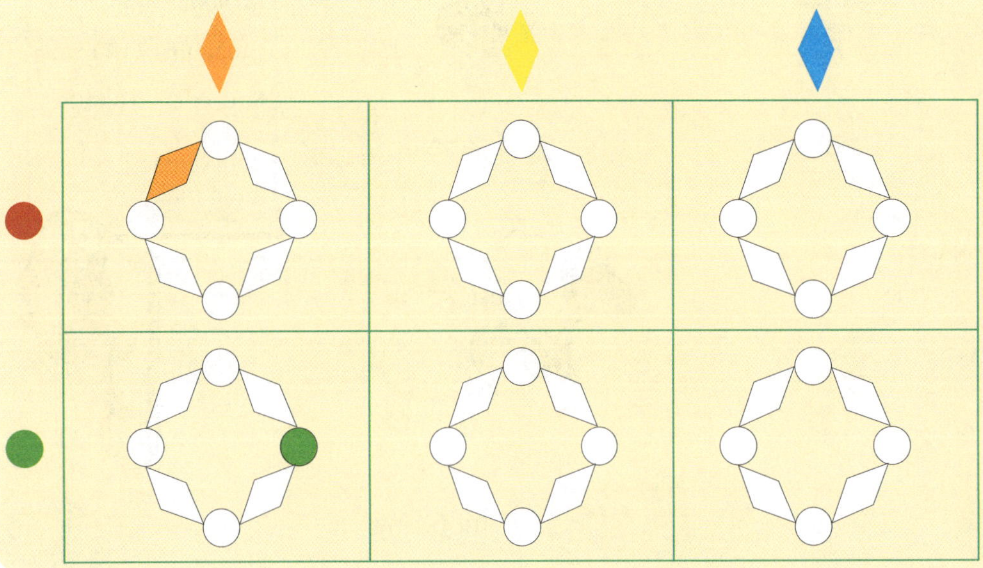

Fini !

Corrigés
détachables

1. Max et Lili partent en vacances p. 4

Lecture

1. Lili a mis un cœur dans son sac.
   Max n'a pas pris ses robots.
   Max a caché son jeu vidéo au fond de son sac.
   Le chat de Max et Lili s'appelle Pompon.

2.

Français

1. coffre – vitre – porte – voiture – capot.

2. *Je rêve de partir dans la jungle.*

3. La famille de Max et Lili part en vacances.

4.

Maths

1. Lili emporte 14 choses.
   3 + 5 + 1 + 3 + 2 = 14

   Max emporte 38 choses.
   24
   + 11
   + 2
   + 1
   ―――
   38

2. trente-quatre – 34
   vingt-huit – 28
   soixante-deux – 62
   quarante-quatre – 44
   soixante-treize – 73
   cinquante-neuf – 59
   quatre-vingt-seize – 96

3.

LILI

17	voitures	IIIII IIIII IIIII II
7	vélos	IIIII II
3	caravanes	III

MAX

15	voitures	IIIII IIIII IIIII
9	vélos	IIIII IIII
3	caravanes	III

Jeu Découverte

2. Max et Lili font du camping p. 8

Lecture

1. **VRAI** FAUX
2. VRAI **FAUX**
3. VRAI **FAUX**
4. **VRAI** FAUX
5. VRAI **FAUX**
6. VRAI **FAUX**

Français

1.

a	b	c	d	e
f	g	h	i	j
k	l	m	n	o
p	q	r	s	t
u	v	w	x	y
		z		

a m u s e – t o i !

2. Ordre alphabétique : 1-ballon, 2-gourde, 3-lampe, 4-oreiller, 5-pyjama, 6-sac.

3. Où Max et Lili passent-ils leurs vacances ?
   Au camping du Lac bleu.
   Quand sont-ils arrivés ? Dans la soirée.
   Qui les aide à monter leur tente ? Gégé.
   Qu'est-ce que Max et Lili veulent aller visiter ?
   Le camping.

4. duvet/sac de couchage, poteau/piquet, roulotte/caravane, randonnée/promenade, imperméable/étanche, alpiniste/montagnard.

Maths

1.

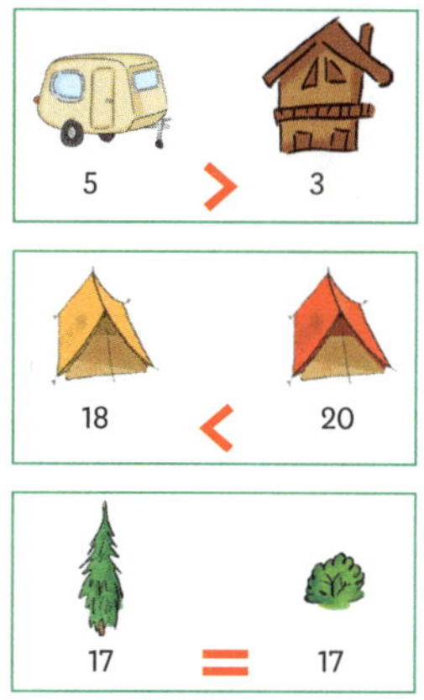

2.

Jeu Découverte

L'objet qui reste est un pot.
Il est en terre cuite, matériau obtenu par la cuisson de l'argile.

3. Lili et Clara, princesses des bois p. 12

Lecture

1. Lili et Clara partent se promener dans la forêt.
2. Lili plante un gland.
3. Clara et Lili se tapent dans la main.
4. Les deux filles parlent de leur amie Valentine.
5. Clara et Lili se réjouissent d'être les princesses des bois.

Français

1.

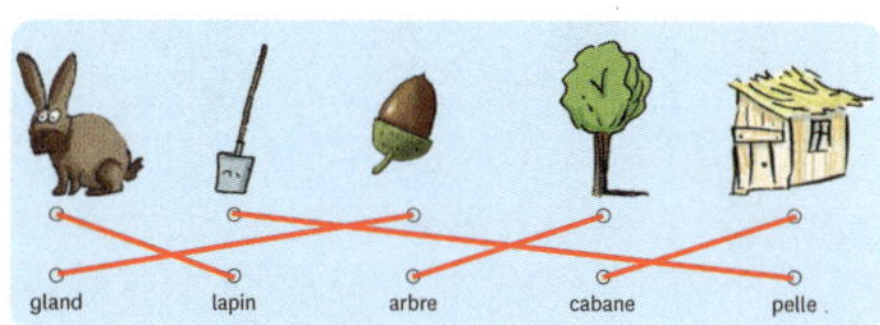

2.

3.

Maths

1.

2.

3.

4. Chaque canard mangera 7 glands.

Jeu EMC

4. Max va à la plage p. 16

Lecture

1. Max va retrouver ses amis.
Max va jouer au foot.
Max sent que cette journée va être géniale.

2. Max apporte à la plage une épuisette, un seau, un masque de plongée, une canne à pêche et un râteau.

Français

1. Les intrus sont : un ponton, une planche, une moule.

2.

1. Il porte une casquette.
2. L'épuisette est rouge.
3. Les garçons discutent.

3.

1. Frédo prend Max dans son équipe.
2. Pluche enterre un os dans le sable.
3. Ils jouent au foot sur la plage.

4. Max fait du **vélo**/de la **bicyclette** sur le chemin.
Il a tout un **matériel**/**équipement** avec lui.
Il est **content**/**ravi** de retrouver ses copains !
Frédo **prend**/**choisit** Max dans son équipe !

Maths

1. Addition :
4 + 3 + 3 + 3 + 1 = 14 euros
Le goûter va coûter 14 euros.

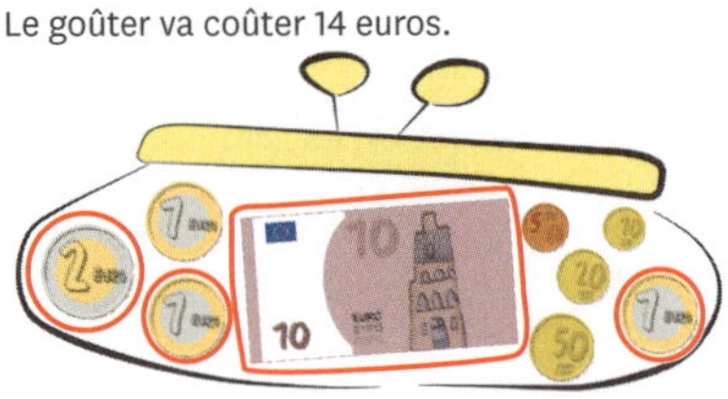

2. Le bon sticker cadran est :
Max est rentré à 11 h 30.
Il est en retard !

Jeu Anglais

5. Lili organise un pique-nique p. 20

Lecture

Français

1. Les mots où l'on entend le son « è » sont :
forêt, Marlène, reine, crêpe, baie, treize, araignée.
Le son « è » peut s'écrire : ê, è, ai, ei.

2. des pommes – un pain – une vache – un panier – des poissons – une abeille – des fleurs – une poire – des moutons

Maths

1. Addition :
11 + 5 + 2 = 18
Les garçons ont préparé 18 desserts.

2.

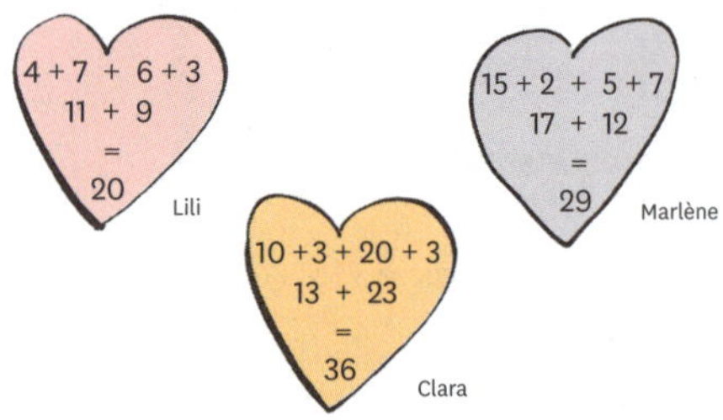

C'est le cœur de Clara qui donne le plus de bisous.

3.

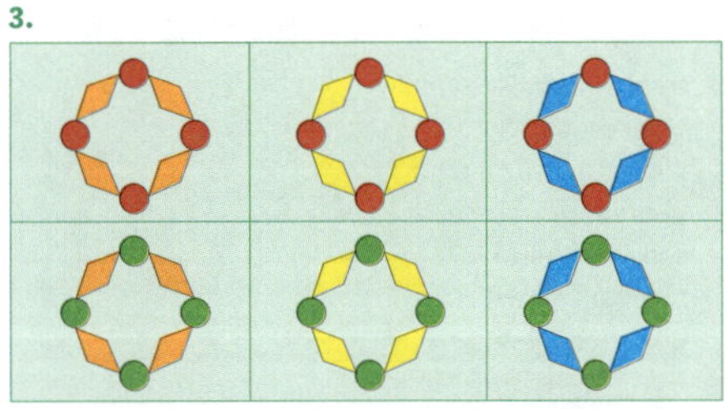

Jeu Découverte

Bon	
4	3
1	5
6	7
14	15
12	

Moins bon	
13	16
10	9
2	8
11	

6. Max et ses copains dorment dans la cabane p. 24

Lecture

1.

2.

Français

1. La lettre ou les lettres qui produisent le son « s » : une caisse à outils, un garçon, une scie, une ceinture, une habitation, un pansement.

2. *Max et ses copains aiment dormir dans la cabane.*

3.

Maths

1.

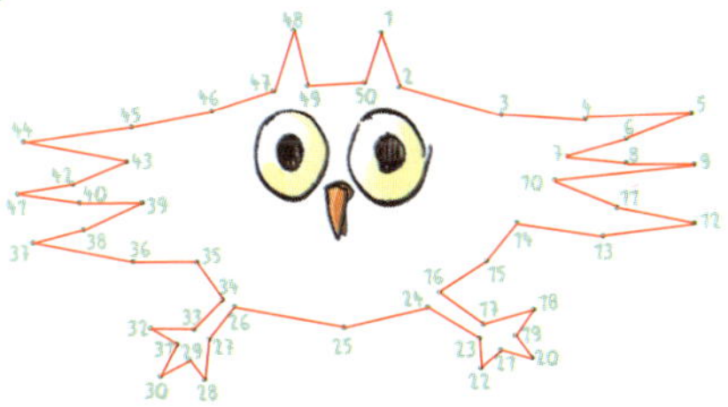

2.

	vingt-six	26
	trente-trois	33
	treize	13
	quarante-deux	42
	cinquante-sept	57
	soixante-cinq	65

3.

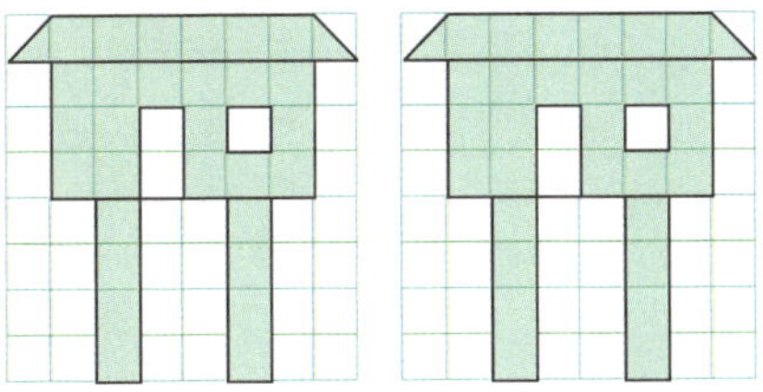

Jeu Anglais

7. Max et Lili escaladent la montagne p. 28

Lecture

On voit sur l'image : un chalet, un chevreuil, Marlène découragée, un troupeau de moutons, un escargot, un lac, Lili, Max, des champignons et une forêt de sapins.

Français

1. une fleur — une abeille
un mouton — un écureuil
une vache — un champignon

2. un skieur/une skieuse, un marcheur/une marcheuse, un sportif/une sportive, un fermier/une fermière, un gourmand/une gourmande, un agriculteur/une agricultrice.

3. Les intrus sont : chemin, bûcheron, bois.

Maths

1.

	16 - 5	12 - 10	22 - 11	20 - 9	15 - 4
17 - 7	19 - 8	14 - 3	13 - 2	25 - 5	12 - 1
12 - 9	13 - 4	18 - 4	14 - 9	17 - 8	

2.

3.

Jeu EMC

1 : Se perdre
2 : S'ébouillanter
3 : Se faire mordre
4 : Se faire charger
5 : S'empoisonner
6 : Se brûler
7 : Se couper
8 : Se faire piquer
9 : S'électrocuter
10 : Glisser et tomber

8. Max et Lili vont chez papy et mamie p. 32

Lecture

1. VRAI **FAUX**
2. **VRAI** FAUX
3. VRAI **FAUX**
4. VRAI **FAUX**
5. VRAI **FAUX**
6. **VRAI** FAUX

Français

1. Chère maman, cher papa,
Les vacances ici, c'est vraiment la fête !
Nous cuisinons des tartes aux pommes, des flans à la vanille et des pizzas.
Nous faisons du tango et des parties de cartes.
Et ce soir, nous regardons un film !
Nous ne sommes pas pressés de faire nos valises !
Bisous bisous
PS : Nous sommes devenus des enfants modèles : nous mettons la table tous les jours !

2.

Maths

1. $\begin{array}{r} 46 \\ +52 \\ \hline 98 \end{array}$

Il faut encore faire 52 boulettes.

2.

3.

Jeu Découverte

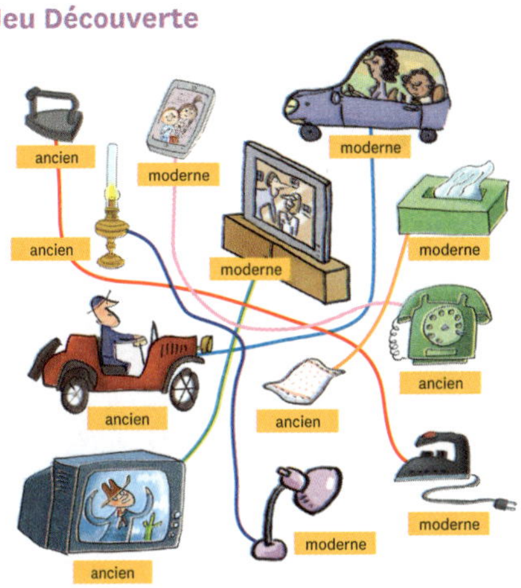

9. Max sauve un hérisson p. 36

Lecture

1. Max ouvre un œil.
2. Max quitte sa chambre sur la pointe des pieds.
3. Max laisse un message avant de partir.
4. Max trouve un hérisson.
5. Max rentre chez Tim et Lola.
6. Max explique où il a trouvé le hérisson.
7. Lola trouve le hérisson très mignon.

Français

1. Avant le départ, j'ai préparé mon expédition.
J'ai fait une liste des animaux : abeilles, moustiques, libellules, daims, taupes…
Maintenant, c'est l'heure de partir !
Au bout d'un moment, je découvre un bébé hérisson.
Je le rapporte à la maison et je lui donne un biberon.
Ce soir, je montrerai mon petit protégé à mes parents.

2. Avant le départ, j'ai préparé mon expédition.
J'ai fait une liste des animaux : abeilles, moustiques, libellules, daims, taupes…
Maintenant, c'est l'heure de partir !
Au bout d'un moment, je découvre un bébé hérisson.
Je le rapporte à la maison et je lui donne un biberon.
Ce soir, je montrerai mon petit protégé à mes parents.

3.
Les hérissons ont des piquants sur le dos.
Le mien a des yeux malins.
Il a aussi de longues moustaches.

Maths

1.

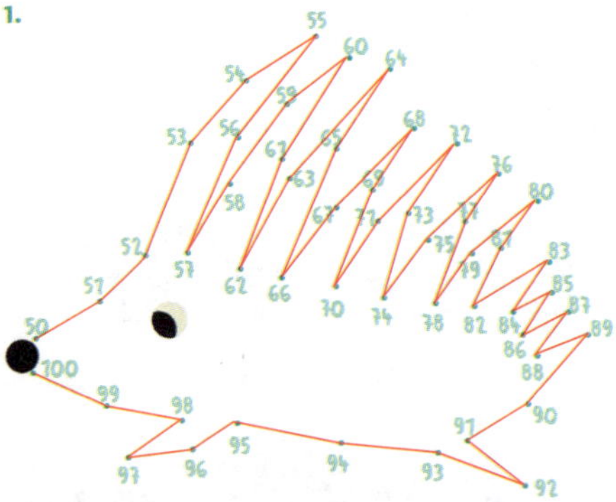

2.

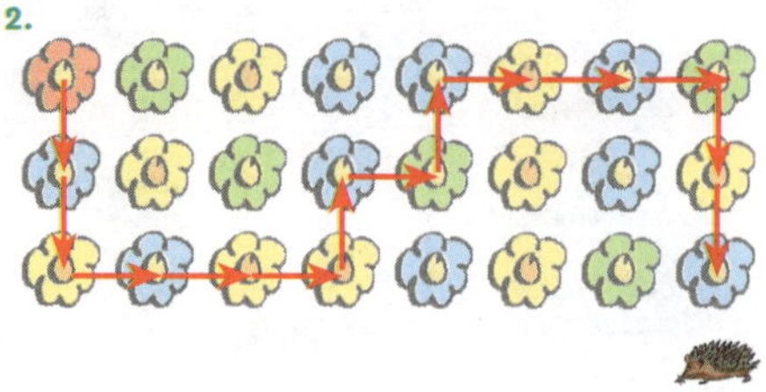

3. 1 + 1 + 2 + 5 = 9
Max a emporté 9 objets.
9 – 3 + 4 + 5 = 15
Max a rapporté 15 objets.

Jeu Découverte

10. Lili envoie une lettre à Mamita p. 40

Lecture

On voit sur l'image : un phare, une chaise de sauveteur, une épuisette, un voilier, un masque de plongée, un seau de plage, une planche à voile.

Français

1. crevette, frites, promeneur, drapeau, brassard, fromage.

2. J'ai faim.

3.

Je	sommes	ravie : la plage des Sables d'Or est ma plage préférée !
Tu	est	le plus chouette des papys !
Max	suis	à son cours de planche à voile.
Nous	est	les meilleurs pêcheurs de crevettes, Benoît et moi !
Barbara	es	contente de bronzer sur sa serviette.

Je suis ravie : la plage des Sables d'Or est ma plage préférée !
Tu es le plus chouette des papys !
Max est à son cours de planche à voile.
Nous sommes les meilleurs pêcheurs de crevettes, Benoît et moi !
Barbara est contente de bronzer sur sa serviette.

Maths

1.

		3+16		26-7		
9+8+2	13+9-5	7+7+4	7+13	70-50	20-3	24-5
24+3-4	21-2	27-9	30-10	35-15	12+7	5+5+10
14+6	9+11	3+16	23-4	29-10	8+8+4	28+1

2. Addition Benoît :
22 + 8 + 5 + 3 + 3 = 41
Benoît va dépenser 41 euros.

Addition Lili :
11 + 7 + 4 = 22
Lili va dépenser 22 euros.

Addition Max :
5 + 4 + 4 + 1 + 1 + 1 + 3 = 19
Max va dépenser 19 euros.

Il ne reste rien à Benoît.
Il reste 3 euros à Lili. (25 – 22 = 3)
Il manque 3 euros à Max. (19 – 16 = 3)

Jeu Anglais

LES ALIMENTS

Qu'est-ce qui est bon pour ton corps ? Et qu'est-ce qui n'est pas très bon ? Écris les bons numéros dans les deux tableaux.

Bon	
4	

Moins bon	

SÉQUENCE 5 TU AS TERMINÉ !

6 Max et ses copains dorment dans la cabane

Lecture

Ce soir, Max, Jérôme, Simon et Victor, le grand cousin de Max, dorment dans la cabane ! Le vent se lève, les arbres craquent. Jérôme commence à paniquer et communique sa peur aux autres. Ils imaginent le pire…

1 Retrouve le prénom de chaque garçon et écris-le sous leur portrait.

…………………… …………………… …………………… ……………………

2 Colle les stickers animaux dont parle l'histoire.

Fini !

6 Max et ses copains dorment dans la cabane

Français

1 Souligne la lettre ou les lettres qui produisent le son « s ».

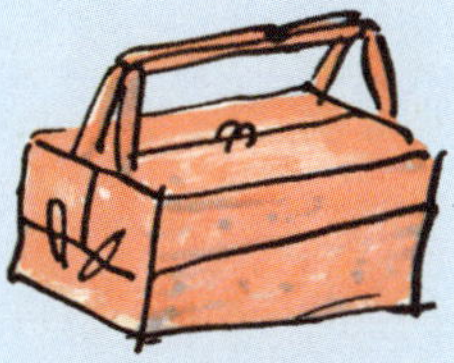

une caisse à outils

un garçon

une scie

une ceinture

une habitation

un pansement

2 Sépare les mots. Recopie la phrase avec les espaces.

Maxetsescopainsaimentdormirdanslacabane.

3 Recopie les mots sous les dessins qui leur correspondent.

le nuage – le vent – la pluie – l'éclair

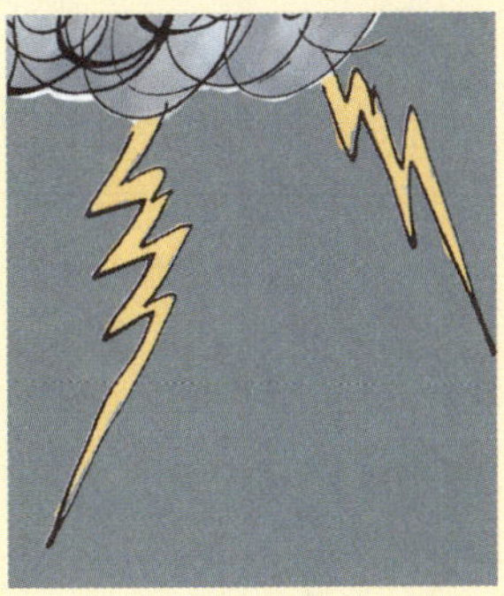

Fini !

6 Max et ses copains dorment dans la cabane

1 Relie les points de 1 à 50 pour savoir qui effraie Pluche.

2 Voici ce que Max et Victor ont utilisé pour construire leur cabane. Écris les nombres en chiffres.

	vingt-six	
	trente-trois	
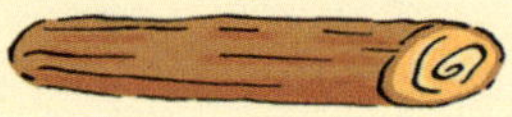	treize	

	quarante-deux	
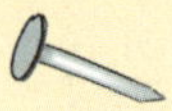	cinquante-sept	
	soixante-cinq	

3 Reproduis le plan de la cabane que Victor a dessiné.

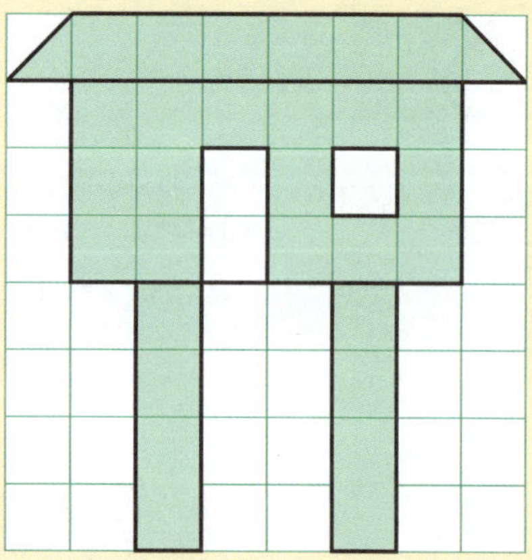

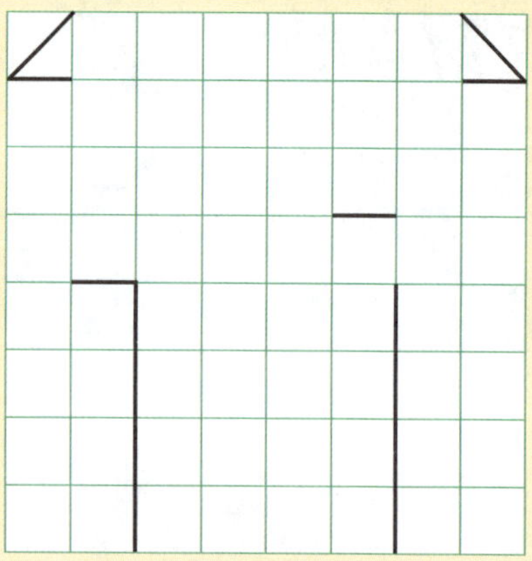

Fini !

SCARY ANIMALS

En t'aidant du nombre de lettres, écris les noms de ces animaux qui font peur en anglais.

7 Max et Lili escaladent la montagne

Lecture

Observe bien ce paysage de montagne. Coche ce que tu vois sur l'image.

- ○ un chalet
- ○ une marmotte
- ○ une cascade
- ○ un chevreuil
- ○ Marlène découragée
- ○ un troupeau de moutons
- ○ un escargot
- ○ un ours
- ○ un lac
- ○ Lili
- ○ Max
- ○ des champignons
- ○ une skieuse
- ○ un aigle
- ○ une forêt de sapins

Fini !

7 Max et Lili escaladent la montagne

1 Écris «un» ou «une» devant chaque dessin.

.... fleur 

.... mouton 

.... vache 

.... abeille 

.... écureuil 

.... champignon 

Les noms sont **féminins** (une fille) ou **masculins** (un garçon).

2 Réunis le nom masculin et son féminin.

Le féminin de «chien» est «chienne».

un skieur	une gourmande
un marcheur	une fermière
un sportif	une agricultrice
un gourmand	une skieuse
un fermier	une sportive
un agriculteur	une marcheuse

3 Barre l'intrus dans chaque liste.

son «**on**»
- champignon
- mouton
- montagne
- chemin

son «**oi**»
- noisette
- chamois
- bûcheron
- putois

son «**in**»
- sapin
- bois
- lapin
- bouquetin

Et où est-ce que je mets le poisson ?

Fini !

7 Max et Lili escaladent la montagne

1 Pour voir le chevreuil, Lili doit passer par toutes les cases égales à 11. Colorie-les pour marquer le chemin.

	16 - 5	12 - 10	22 - 11	20 - 9	15 - 4
17 - 7	19 - 8	14 - 3	13 - 2	25 - 5	12 - 1
12 - 9	13 - 4	18 - 4	14 - 9	17 - 8	

2 Numérote ces objets du plus léger au plus lourd.

3 Entoure la gourde de Max. Elle a des cercles, des carrés et des rectangles, mais pas de triangles.

Fini !

ATTENTION, DANGER !

Regarde ces situations. À quels risques correspondent-elles ?
Colle les bons stickers sous les dessins.

SÉQUENCE 7 TU AS TERMINÉ !

8 Max et Lili vont chez papy et mamie

Lecture

Les vacances chez papy et mamie, c'est toujours la fête !
Max et Lili ont fait plein de sorties et d'activités.
Tous les jours, il s'est passé quelque chose de nouveau.
Ils ont même appris à danser le tango avec mamie et des prises de judo avec papy.

Entoure VRAI ou FAUX.

1. Ils ont appris quelques passes de foot.	**VRAI**	**FAUX**
2. Ils sont allés à la piscine.	**VRAI**	**FAUX**
3. Ils sont allés voir des feux d'artifice.	**VRAI**	**FAUX**
4. Ils ont fait du jardinage.	**VRAI**	**FAUX**
5. Ils ont mangé des crêpes au chocolat.	**VRAI**	**FAUX**
6. Ils sont allés au cirque.	**VRAI**	**FAUX**

Fini !

8 Max et Lili vont chez papy et mamie

1 Pour faire une blague à ses parents, Lili a supprimé des lettres dans son e-mail.
À toi de remettre les **p**, **t**, **v** et **f** manquants.

Chère maman, cher ......a......a,

Les ......acances ici, c'est vraiment la ......ête !
Nous cuisinons des ......ar......es aux ......ommes,
des ......lans à la ......anille et des ......izzas.
Nous faisons du ......ango et des ......arties de car......es.
Et ce soir, nous regardons un ......ilm !
Nous ne sommes pas pressés de faire nos ......alises !

Bisous bisous

Lili

PS : Nous sommes devenus des en......ants modèles :
nous mettons la ......able tous les jours !

2 Recopie le petit mot que Lili a glissé sous l'oreiller de mamie.

Fini !

1 Aide Max à faire son calcul en posant une addition à trous.

Quand on pose une **addition à trous**, le nombre le plus grand est toujours le résultat de l'opération.

Max a trouvé ! Il manque encore . . boulettes.

2 Lili a fait un plan de table. Écris le code de la place de chacun.

3 Dans le jeu de construction de Max, colorie en rouge les cubes, en vert les pavés.

ANCIEN OU MODERNE ?

**Relie l'objet d'autrefois et l'objet d'aujourd'hui qui vont ensemble.
Colle sous chaque objet le bon sticker : « ancien » ou « moderne ».**

SÉQUENCE 8 TU AS TERMINÉ !

9 Max sauve un hérisson

Max est à la campagne chez Tim et Lola. Il ne pense qu'à une chose : protéger tous les animaux en danger ! Au lever du soleil, alors que tout le monde dort encore, il décide d'aller explorer les environs...

Remets l'histoire dans le bon ordre en numérotant les phrases de 1 à 7.

○ Max ouvre un œil.

○ Max laisse un message avant de partir.

○ Max rentre chez Tim et Lola.

○ Lola trouve le hérisson très mignon.

○ Max explique où il a trouvé le hérisson.

○ Max trouve un hérisson.

○ Max quitte sa chambre sur la pointe des pieds.

Fini !

9 Max sauve un hérisson

Français

1 Max a tapé son journal sur sa tablette, mais il hésite souvent entre les lettres **b**, **d**, **p** et **q**. Aide-le.

Passé · Présent · Futur

Avant le ...é...art, j'ai préparé mon ex...é...ition.
J'ai fait une liste des animaux : a...eilles,
mousti...ues, li...ellules, ...aims, tau...es...
Maintenant, c'est l'heure de partir !
Au bout d'un moment, je découvre
un ...é...é hérisson.
Je le rapporte à la maison
et je lui donne un ...i...eron.
Ce soir, je montrerai mon petit ...rotégé
à mes parents.

2 Dans le journal de Max, souligne :

- en rouge la partie de l'histoire qui est au passé.
- en vert, la partie de l'histoire qui est au présent.
- en bleu, la partie de l'histoire qui est au futur.

Le passé, c'est fini.
Le présent, c'est maintenant.
Le futur, c'est plus tard.

3 Complète les bulles avec « a » ou « ont ».

9 Max sauve un hérisson

1 Relie les points de 50 à 100.

2 Suis le code fléché pour trouver le hérisson.

2↓	3→	1↑	1→	1↑	3→	2↓

3 À toi de calculer !

QUE MANGENT LES ANIMAUX ?

Colle les stickers qui correspondent aux repas des animaux.

10 Lili envoie une lettre à Mamita

Observe bien la photo que Lili a envoyée à Mamita.
Coche ce que tu vois sur l'image.

- ○ un phare
- ○ une pelle
- ○ une chaise de sauveteur
- ○ une épuisette
- ○ un voilier
- ○ un pâté de sable
- ○ six étoiles de mer
- ○ un bateau à moteur
- ○ une bouée bleue
- ○ un masque de plongée
- ○ un drapeau de pirate
- ○ un maître-nageur
- ○ un seau de plage
- ○ des palmes
- ○ une planche à voile

Fini !

10 Lili envoie une lettre à Mamita

Français

1 **Lili a écrit des mots sur le sable, mais en montant, la mer a effacé les lettres dr, fr, cr, pr et br. À toi de les remettre !**

_ _ evette

_ _ ites

_ _ omeneur

_ _ apeau

_ _ assard

_ _ omage

2 **Connais-tu l'expression que Lili utilise ? Coche la bonne réponse.**

○ Je creuse un trou dans le sable.
○ Je suis fatiguée.
○ J'ai faim.

3 **Lili a aussi écrit une lettre-puzzle pour papy Léon. Colorie les étiquettes blanches de la bonne couleur pour former des phrases correctes.**

Je	sommes	ravie : la plage des Sables d'Or est ma plage préférée !
Tu	est	le plus chouette des papys !
Max	suis	à son cours de planche à voile.
Nous	est	les meilleurs pêcheurs de crevettes, Benoît et moi !
Barbara	es	contente de bronzer sur sa serviette.

Fini !

10 Lili envoie une lettre à Mamita

1 Colle un sticker rouge sur chaque résultat égal à 19.
Tu découvriras un symbole que Lili aime bien !

		3+16		26−7		
9+8+2	13+9−5	7+7+4	7+13	70−50	20−3	24−5
24+3−4	21−2	27−9	30−10	35−15	12+7	5+5+10
14+6	9+11	3+16	23−4	29−10	8+8+4	28+1

2 Fais le calcul de ce que chacun va acheter.

. . + . + . + . + . = . .

. . + . + . = . .

. + . + . + . + . + . + . = . .

Benoît avait 41 euros. Combien lui reste-t-il ? ....

Lili avait 25 euros. Combien lui reste-t-il ? ....

Max a 16 euros. Combien lui manque-t-il ? ....

Fini !

COLOURS

Colorie la seconde photo que Lili a envoyée à Mamita, en suivant le code couleur des poissons.

SÉQUENCE 10 TU AS TERMINÉ !

TABLE DES MATIÈRES

Séquence 9

Séquence 10